Alfons J. Dietz / Daniela Bolze

Doppellongen-Arbeit

So macht man es richtig

CADMOS
PFERDEBÜCHER

Inhalt

Impressum

Copyright © 2002 by
Cadmos Verlag GmbH, Brunsbek
Gestaltung: Ravenstein + Partner, Verden
Titelfotos und Innenfotos: Daniela Bolze
Zeichnungen: Christina Krumm
Druck: Westermann Druck, Zwickau

Alle Rechte vorbehalten.
Abdrucke oder Speicherung in
elektronischen Medien nur nach
vorheriger schriftlicherGenehmigung durch
den Verlag.
Printed in Germany.

ISBN 3-86127-264-4

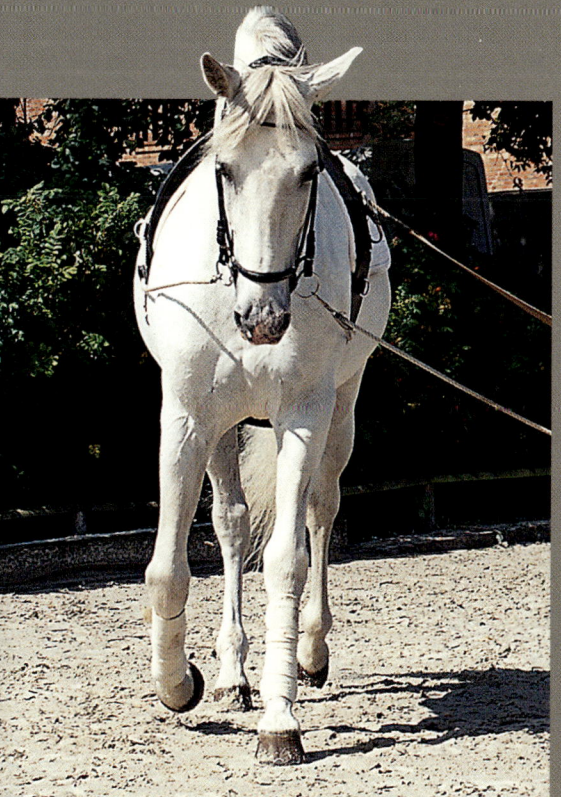

Mit der Doppellonge kann man das Pferd einrahmen, ohne es „zusammenzuschnüren".

Wozu überhaupt Doppellongen-Arbeit?

Es gibt kaum eine Arbeitsmethode mit dem Pferd, die so sehr unterschätzt wird wie die Doppellongen-Arbeit. Zwar ist sie bei der Ausbildung der Pferde zur hohen Schule Pflichtprogramm, aber wie nützlich sie gerade Freizeit- sowie Wald- und Wiesenreitern sein kann und deren Pferden hilft, ist kaum bekannt. Besonders weniger geübte Reiter, die ihren Körper nicht so sehr unter Kontrolle und kein so ausgeprägtes Gespür für die Bewegungen des Pferdes haben, können ihr Pferd mit der Doppellonge sehr effektiv gymnastizieren und damit für das Reiten erst tauglich machen. Denn der Mensch hat von unten her viel leichter die Möglichkeit, die Bewegungen des Pferdes zu erkennen, zu kontrollieren und gezielt zu manipulieren, was vor allem bei der Ausbildung von jungen Pferden von großem Vorteil ist. Und dem Pferd fällt es natürlich ebenfalls wesentlich leichter, das Gewünschte umzusetzen, wenn es zusätzlich nicht auch noch ein unausbalanciertes Reitergewicht mit sich herumschleppen muss.

Anders als bei der reinen Longenarbeit hat man bei der Doppellonge durch den zweiten Zügel die Möglichkeit, das Pferd „zwischen die Hilfen" zu stellen, es sowohl innen als auch außen zu manipulieren, wobei die äußere Leine beziehungsweise der Zügel nicht nur die Anlehnung im Maul gibt, sondern auch die Aufgabe des äußeren Schenkels bis zu einem gewissen Grad mit übernehmen kann. Je nach Verschnallung sind mit der Doppellonge alle Übungen am Boden und über der Erde (hohe Schule) bis zum Springen möglich.

Doppellongen-Arbeit ist neben der Grundlagenarbeit für die klassische Reitkunst für alle jene gut, die
• junge Pferde ausbilden,
• den Takt, Schwung und Schub des Pferdes verbessern,
• physische und psychische Blockaden lösen,
• das Pferd effizient mit wenig Zeitaufwand bewegen,
• Korrekturmaßnahmen vornehmen wollen.

Die Ausrüstung

Es gibt bei der Doppellongen-Arbeit – wie in fast allen Bereichen – eine Sparversion und eine Nobelversion. Wer es ganz richtig und perfekt machen möchte, der braucht vor allem bei der Arbeit mit dem jungen Pferd einen guten, passenden Kappzaum mit drei Ringen, damit das Pferd im Maul geschont wird. Wer diese Investition scheut, kann auch mit einer ganz normalen Trense longieren. Dabei ist es besonders am Beginn der Arbeit wichtig, den Longenzirkel äußerlich zu begrenzen, so dass das Pferd sich nicht über die Leinen auf dem Kreis halten lassen muss, sondern anfangs noch über die Bahnbegrenzung auch eine äußere Anlehnung findet. Bei der Longe selbst sollte man wirklich auf Qualität achten. Sie muss

Für die Doppellongen-Arbeit: Doppellonge mit Umlenkrollen, Ausbinder, Gurt mit D-Ringen, Knebeltrense, Peitsche.

Für die Longenarbeit: Weiche Baumwolllonge, diverse Ausbinder, Gurt mit mehreren D-Ringen, Kappzaum und Knebeltrense, Peitsche.

aus rund 14 Meter Baumwollgurt bestehen. Das Gurtband sollte nicht zu dick sein, da man sonst zu viel in der Hand hat, aber auch nicht zu dünn, damit es nicht zu hart in der Hand liegt. Am Ende läuft das Gurtband jeweils mit zwei runden, dünnen Stricken in zwei Karabinerhaken aus, die man in die Trense einschnallen kann. Die Stricke sollen mehr Leichtigkeit beim Durchlaufen der Ringe gewährleisten. Das ist unbedingt nötig, da sonst die Einwirkung auf das Maul viel zu hart ist. Zur weiteren Leichtigkeit empfehlen sich grundsätzlich auch so genannte Umlenkrollen, die man im guten Reitsportbedarf, aber vor allem im Segelfachhandel bekommt. Sie ermöglichen eine besonders feine Leinenführung. Und je feiner das Pferd gearbeitet wird, desto feiner wird es reagieren.

Es ist ganz wichtig, dass der Bauchgurt richtig passt. Er sollte mindestens vier befestigte Ringe haben, die nicht zu weit oben angebracht sein dürfen. Damit er nicht am Widerrist einschneidet, kann man eine gut gepolsterte Satteldecke oder ein Stück Fell darunter legen. Gute Gurte sind von sich aus anatomisch gepolstert.

Für die Grundarbeit reicht eine leichte, gute Longierpeitsche aus, die vom Schlag her aber unbedingt so lang sein sollte, dass man das Pferd damit auch an den entsprechenden Stellen touchieren kann.

Junge und heftige Pferde sollte man zur Schonung des Pferdemauls erst mit einem gut sitzenden Kappzaum mit untergelegter Knebeltrense longieren.

Hinweis

Achten Sie unbedingt darauf, dass die Peitsche leicht in der Hand liegt. Denn sonst wird sie nach wenigen Minuten zu einem echten Hindernis und man kann keine feinen Hilfen mehr geben.

Und ganz wichtig: Handschuhe. Bitte longieren Sie Ihr Pferd niemals ohne Handschuhe. Sie haben keine Kontrollmöglichkeit mehr, sollte es sich erschrecken, durchgehen oder sich schlicht widersetzen. Dafür haben Sie verbrannte Handflächen, die Sie noch tagelang schmerzhaft spüren.

Für viele Pferde, besonders junge Tiere, bietet es sich außerdem an, die erste Longier- und auch Doppellongen-Arbeit in einem gut eingezäunten Areal zu machen. Entweder ein kleines Viereck oder ein Longierkreis, der je nach Größe des Pferdes rund 17 Meter Durchmesser haben sollte. Das Pferd hat, wie bereits erwähnt, optisch eine äußere Anlehnung und kann sich besser auf die Reiterhilfen konzentrieren. Und tragen Sie unbedingt festes Schuhwerk, falls Sie einmal mit Ihrem ganzen Gewicht gegenhalten müssen; dann sollten Sie nicht den Halt verlieren. Aber das gilt ja generell für die Arbeit mit Pferden.

Das Pferd muss sich erst unausgebunden frei- und warmlaufen können.

*Nur ausgebunden hat die Arbeit an der einfachen
Longe einen gymnastizierenden Effekt.*

Was das Pferd
können muss

Bevor Sie Ihr Pferd voller Enthusiasmus nach der
Lektüre dieses Büchleins gleich zwischen die Leinen nehmen wollen, müssen beide – Mensch und
Pferd – einige Voraussetzungen erfüllen. Erst wenn
das Pferd an der einfachen Longe alle Kommandos
des Menschen von der Mitte aus gelernt hat, kann
man es an die Doppellonge nehmen. Und als Vorbereitung für die Longe bietet sich wiederum das so
genannte Join up oder Freiarbeit in einem Roundpen an. Ich gehe für die Arbeit mit diesem Doppel-
longenbuch davon aus, dass sowohl die Freiarbeit
als auch das Longieren beherrscht werden.

Hinweis

Achten Sie darauf, dass der Roundpen wirklich ausbruchssicher und hoch genug ist.
Manche Pferde entziehen sich der Arbeit,
indem sie versuchen, durch den Zaun oder
über ihn hinweg zu gehen.

Wenn Sie keinen festen Roundpen zur Verfügung haben, arbeiten Sie mit dem Pferd
gleich an der Longe.

Der Pferdekopf darf mit den Ausbindern niemals hinter die Senkrechte gezogen werden.

Was der Mensch können muss

Um mit Pferden vernünftig arbeiten zu können, muss der Mensch sich über die Verhaltensstrukturen dieser Tiere im Klaren sein. Und er muss dazu in der Lage sein, sämtliche Hilfsmittel, die er im Umgang mit ihnen benutzt, auch handhaben, das heißt beherrschen zu können, bevor er ans Pferd geht.

Positionen und Peitschenhandhabung

Entscheidend bei der Kommunikation mit dem Pferd sind die Position des Longenführers und die Position der Peitsche. Je breiter Sie sich mit Ihrer Schulter dem Pferd zuwenden, desto dominanter und damit treibender wirken Sie auf das Pferd. Das Gleiche gilt für die Positionen des Körpers: Je mehr Sie „hinter das Pferd kommen", desto schneller wird es werden. Je weiter Sie Richtung Schulter geraten, desto langsamer wird es. Vor der Kopflinie wirken Sie bremsend. Damit Sie selbst nicht immer wieder die Position verändern müssen, übernimmt die Peitsche diese Aufgabe. Sie ist der verlängerte Arm des Menschen. Neben der groben Position der Peitsche bestimmt auch die Art des Peitscheneinsatzes und der Punkt, an dem sie auftrifft, ihre Wirkung. Zum Beschleunigen reicht es meist, wenn Sie den Peitschenschlag in einem lockeren Schwung hinter dem Hinterfuß des Pferdes aufkommen lassen. Reicht das nicht aus, touchieren Sie das Pferd in Sprunggelenkhöhe. Um das Pferd zu beschleunigen, wird der Peitschenschlag immer von unten nach oben geschwungen, nur zum Strafen von oben nach unten (was jedoch vermieden werden sollte, da die Peitsche kein Strafmittel ist). Um das Pferd am Hereindrängen zu hindern, zeigen Sie mit dem Peitschenstock auf seine Schulter. Reicht das nicht aus, schwingen Sie ihn von unten nach oben an die Schulter. Achtung: Nicht den Kopf treffen! Um es zu bremsen, führen Sie die Peitsche entweder unter oder über der Longe Rich-

tung Kopf. Oft reicht schon ein Zeigen des Peitschenstockes aus. Ansonsten schwingt man auch hier den Peitschenschlag von unten nach oben vor dem Kopf. Reicht das immer noch nicht, drehen Sie sich deutlich mit der Schulter vor den Kopf des Pferdes.

Für den Schritt zeigt der Peitschenschlag in Höhe des Fesselkopfes ...

... für den Trab in Höhe des Sprungelenkes ...

... und für den Galopp auf Höhe der Hüfte oder mittig zum Bauch.

Zum Halten wird die Peitsche vor den Pferdekopf geführt.

Die Longe muss unbedingt immer geordnet in der Hand gehalten werden ...

... und auf gar keinen Fall in so einem Schlaufenkuddelmuddel.

Stimmkommandos

Kombinieren Sie Ihre Körperhilfen grundsätzlich mit Stimmkommandos. Welche Begriffe Sie verwenden, ist ziemlich egal, die Hauptsache ist, Sie bleiben dabei. Es bietet sich aber an, die gängigen Kommandos zu benutzen, weil sonst kein anderer dazu in der Lage sein wird, Ihr Pferd unmissverständlich zu longieren. Zum Verlangsamen hat sich ein tief und ruhig gesprochenes Ho oder Hoho, bewährt, zum generellen Forcieren des Tempos ein „Allé" mit dem darangehängten Gangkommando Schritt, Trab, Galopp.

Die Kommandos Hoho und Allé wirken dabei wie Paraden vorbereitend auf das Folgende, zum Anhalten entsprechend Halt oder Steh. Sie können alleine durch Ihre Stimmnuancen das Pferd schneller oder langsamer machen, je nachdem wie laut, leise, beschwichtigend oder aggressiv Sie reden.

Aber bitte nicht ununterbrochen auf das Pferd einreden, da es sonst abstumpft und gar nicht mehr zuhört.

Allerdings sollten Sie bei der Longenarbeit unbedingt darauf achten, Ihr Pferd sofort im entsprechend richtigen Zeitpunkt mit der Stimme zu loben. Am besten mit „Brav". Denn die Pferde lernen durch Lob.

*Das Aufnehmen der Longe,
um sich dem Pferd zu nähern ...*

*... muss in großen Schlaufen ohne Boden-
kontakt, Schritt für Schritt passieren...*

Handhabung
der Longe

Neben dem richtigen Einsatz der Longierpeitsche muss sich der Mensch auch mit der Handhabung der Longe vertraut machen – ohne Pferd. Üben Sie bitte gemeinsam mit einer Hilfsperson, wie man sie aufwickelt, die Schlaufen aus der Hand gleiten lässt und auch wieder aufnimmt. Und zwar immer unter der Voraussetzung, dass sich keine Schlingen um die Hand wickeln. Sie können sehr gefährlich wer-

... um jederzeit die sichere Kontrolle zu behalten.

den und haben schon so manchem Longenführer die Finger gequetscht, wenn nicht sogar
abgerissen!

Nehmen Sie die Schlingen immer so auf,
dass Sie sie mit der rechten Hand in die linke
legen, wenn das Pferd links herum läuft. Läuft
das Pferd rechts herum, legen Sie die Schlaufen mit der linken Hand in die rechte. So können Sie immer mehr Leine geben, indem Sie
einfach eine Schlaufe aus der Hand entlassen,
ohne dass es Leinensalat gibt oder sich die
Schlaufen zuziehen. Achten Sie bei den Schlaufen darauf, dass sie nicht zu groß sind, so dass
Sie hineintreten, aber auch nicht zu klein, so
dass Sie zu viel in der Hand halten müssen. Bei
einhändiger Leinenführung liegt immer der Zei-
gefinger zwischen beiden Leinen.

Anfangs empfiehlt es sich, die Leinen mit
beiden Händen zu halten. Je fortgeschrittener
das Pferd und Sie sind, desto eher können Sie
zur einhändigen Leinenführung übergehen, bei
der die Hilfengebung feiner ist. Einhändigkeit
bietet sich aber auch da an, wo das Pferd dif-
ferenzierter mit der Peitsche getrieben werden
muss, also die Hinterhand gezielt aktiviert wird.

Hinweis

*Ein kleiner Lederriemen, der die Doppellon-
ge am Gurt fixiert, erleichtert das Führen des
Pferdes vorher und hinterher.*

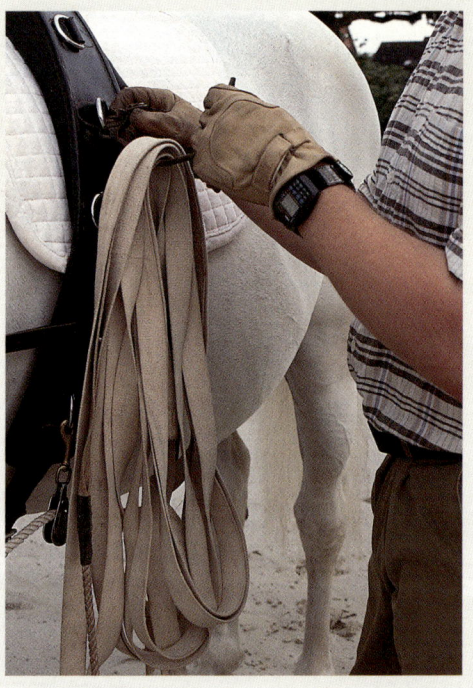

Wer kann, sollte das erste Antreten an Longe und Doppellonge mit einer Pferde-erfahrenen Hilfsperson machen.

Das erste Mal

Wenn Sie Ihr gut an der einfachen Longe vorbereitetes Pferd erstmals an die Doppellonge nohmen, dürfte es kaum Probleme geben.

Sicherheitshalber sollten Sie aber eine zweite Person dabei haben, die sich so lange an den Kopf des Pferdes stellt, bis Sie alles richtig verschnallt haben. Der Helfer führt das Pferd an seinen Platz und geht so lange mit herum, bis Sie die Schlaufen gelegt und die Peitsche positioniert haben. Es ist aber auch möglich, ohne jede Hilfe diese erste Hürde gemeinsam mit dem Pferd zu nehmen.

Wer es gewohnt ist, sein Pferd mit entsprechend langen Ausbindern zu longieren (Pferde nicht hinter die Senkrechte ziehen!), kann sich die Arbeit an der Doppellonge auch erleichtern, indem er diese anfangs noch mit eingeschnallt lässt.

Auch für die erste Doppellongen-Arbeit nimmt man lieber einen Kappzaum als gleich die Trense mit Maulkontakt.

Bei der V-Verschnallung hat man einen weicheren Einfluss mit der inneren Leine ...

... während die äußere Leine das Pferd sanft einrahmt.

V-Verschnallung

Bei der Doppellongen-Arbeit beginnt man mit der sogenannten V-Verschnallung. Hierbei ist das Pferd innen und außen verschieden mit den Leinen verbunden. Die äußere Leine wird über den Rücken gelegt, durch einen der mittleren Ringe am Bauchgurt geführt und direkt in den Trensenring eingeschnallt. Die innere Leine wird dagegen erst von vorne nach hinten durch den Trensenring gefädelt, um dann mit dem Karabiner am Bauchgurtring eingeschnallt zu werden. Es empfiehlt sich, die äußere Leine einen Ring tiefer zu schnallen als die innere, allerdings nur, solange man in der V-Verschnallung arbeitet. Mit der V-Verschnallung ist es nicht möglich, fließende Richtungswechsel durchzuführen, da das Pferd jedes Mal umgeschnallt werden muss.

In welche Ringhöhe man verschnallt, hängt von der natürlichen Aufrichtung und dem Aus-

bildungsstand des Pferdes ab. Der Kopf soll nicht an die Schulter gezogen, das Tier nicht in eine Zwangslage gebracht werden. Auf der anderen Seite soll die Wirkung der Leine aber auch nicht einfach verpuffen.

Der Vorteil dieser Leinenführung liegt in der größeren Weichheit der Hilfengebung für das Pferd. Der Mensch hat viel feinere Möglichkeiten, das Pferd durch ein wenig Nachgeben der inneren Hand von innen nach außen zu lösen. Denn gerade die variable Hilfengebung ist ja ein Pluspunkt bei der Doppellongen-Arbeit.

Mit der äußeren, etwas tiefer verschnallten Leine wird das Pferd nicht nur eingerahmt, sie hält das Tier auch auf dem Zirkel, sollte es nach innen drängen. Zusätzlich wird noch der Peitschenstock eingesetzt, der auf den Kopf oder die Schulter des Pferdes zeigt, um ein Hereindrängen abzuwehren. Die innere Leine sorgt dafür, dass das Pferd nicht nach außen drängt, falls keine Bande zur Verfügung steht. Das Pferd ist innen deswegen höher verschnallt, damit man es durch eine zu harte Leinenführung nicht wie beim Schlaufzügel an die Brust ziehen kann.

Das Pferd soll bei der Doppellonge immer eine leichte Anlehnung an die Leinen haben. Doch statt diese einfach plump zu verkürzen, wird das Pferd sachte mit der Peitsche an das Gebiss und damit an die Anlehnung herangetrieben. Also nicht anders, als man es beim korrekten Reiten ebenfalls machen würde.

Lassen Sie das Pferd jetzt ruhig auf dem Zirkel gehen. Versuchen Sie, es gleichmäßig zwischen beiden Leinen und von hinten locker eingerahmt durch den Peitschenschlag laufen zu lassen. Wenn Sie sich einigermaßen sicher sind und Ihren eigenen, zweiten Kreis in der Mitte gefunden haben, können Sie langsam an den Übergängen arbeiten. Bitte stehen Sie nicht wie angewachsen in der Mitte des Zirkels, sondern laufen Sie auf einem kleineren Kreis innen mit. So bekommen Sie mehr Gefühl für das Pferd und bieten diesem auch eine deutlichere Körpersprache, als wenn Sie sich immer nur im Kreis auf dem Absatz mitdrehen.

Hinweis

Denken Sie bitte bei den Paraden daran, dass sie eins-zu-eins im Pferdemaul ankommen. Wenn Sie mit dem rechten Arm 30 Zentimeter zurückgehen, um eine äußere Parade zu geben, kommen genau diese 30 Zentimeter im Maulwinkel an. Auf das Reiten übertragen, wäre dies eine Brachialparade – und das ist sie auch an der Doppellonge. Also bitte: feine Hilfen!

Gerade junge Pferde sollte man anfangs an ganz lockerer Leine longieren, um sie nicht zu ängstigen.

Das erste Antreten

Es gibt zwei Möglichkeiten, die Arbeit mit dem Pferd an der Doppellonge anzufangen: Entweder verschnallen Sie das Tier auf dem Hufschlag und gehen dann selbst einige Schritte rückwärts, um Ihre eigene Position zu finden. Erst dann lassen Sie das Pferd antreten. Die Gefahr ist, dass das Tier Ihnen hinterherkommt. So machen es viele. In der Pferdesprache bedeutet es aber eigentlich einen Sieg für das Pferd, da Sie sich bewegen, während es selbst steht.

Sie verschnallen das Pferd in der Mitte des Zirkels. Wenn Sie fertig sind, nehmen Sie die Leinen locker auf und schicken das Tier durch das Kommando „Am Platz" (das es allerdings von der Longenarbeit her kennen sollte) und mit dem auf die Schulter weisenden Peitschenstock nach außen auf die Zirkellinie. Wichtig ist in beiden Fällen, dass das Tier erst dann antritt, wenn Sie das deutliche Stimmkommando, unterstützt von der Peitsche, gegeben haben, und nicht selbstständig.

Und natürlich gibt es die Variante mit einem Helfer, der das Pferd nach außen auf die Zirkellinie führt, während Sie von innen die korrekten, oben beschriebenen Signale geben.

Sorgen Sie jetzt dafür, dass das Pferd fleißig im Viertakt-Schritt vorwärts geht ohne zu eilen oder zu schlurfen. Fordern Sie es immer wieder mit der Stimme und einem „Allé" auf, schneller zu werden, direkt gefolgt von dem leicht hinter dem Pferd landenden Peitschenschlag, wenn es zu langsam ist. Geht das Pferd genau so, wie Sie es möchten, brauchen Sie nicht mit der Peitsche herumzufuchteln, wie man es leider immer wieder sehen kann. Die Peitsche ist eine Hilfe, wie die Parade, und sollte nur dann eingesetzt werden, wenn sie wirklich gebraucht wird.

Ist das Pferd hingegen zu schnell, beruhigen Sie es erst mit der Stimme (Ho, ho, langsam, ruhig), dann verkürzen Sie ein wenig die Leinen, aber immer wieder nachgeben, so dass sich das Pferd nicht auf das Gebiss lümmeln kann, und führen Sie die Peitsche langsam unter der Leine soweit nach vorne durch, bis Sie sie beruhigend vor dem Pferd einsetzen können, was es ebenfalls von der Longenarbeit her kennen sollte.

Durch die Doppellonge und die äußere Leine haben Sie auch die Möglichkeit, das Pferd mit deutlichen Paraden an der äußeren Leine bis hin zur Außenstellung des Kopfes gegen die Bande abzubremsen. Aber das ist eher der letzte Ausweg als eine elegante Lösung. Wenn Sie das Pferd in Außenstellung bringen, ist es wichtig, mit der inneren Hand nachzugeben.

Im Maul sehr sensible Pferde kommen besser klar, wenn man zu der Doppellonge die vertrauten Ausbinder einhängt.

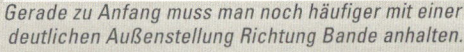

Gerade zu Anfang muss man noch häufiger mit einer deutlichen Außenstellung Richtung Bande anhalten.

Anhalten

Im Grunde genommen ist es ähnlich wie das Verlangsamen. Geben Sie dem Pferd erst mit der Stimme eine Parade (Ho, Halt oder Steh). Bleiben Sie selbst stehen und gehen Sie nicht weiter mit. Lassen Sie das Pferd so praktisch in die Leinen hineinlaufen. Wenn es darauf nicht reagiert, bringen Sie es mit deutlichen äußeren Paraden Richtung Bande zum Stehen. Führen Sie die Peitsche vor das Pferd und heben Sie sie an, so dass das Pferd auch optisch eine Begrenzung von vorne bekommt. Loben Sie es überschwänglich, wenn es steht. Warten Sie mit dem erneuten Antreten nicht zu lange, bis das Pferd schließlich von alleine antritt oder womöglich erwartungsvoll zu Ihnen in die Mitte kommt, sondern lassen Sie es bereits nach wenigen Sekunden wieder im Schritt vorwärts gehen.

Hier ist schön zu sehen, wie das Pferd eingerahmt zwischen den Leinen- und Peitschenhilfen geht.

Hinweis

Üben Sie das Anhalten nicht gerade an einem Tag, an dem das Pferd sehr eilig oder aufgeregt ist, sondern aus einer ruhigen, entspannten Schrittphase heraus. Und bleiben Sie geduldig, auch wenn es nicht gleich klappt.

In der V-Verschnallung soll das Pferd lernen:
• ruhig zwischen den Leinen zu laufen
• sich in allen drei Grundgangarten im Tempo variieren zu lassen
• die Anlehnung zu suchen und zu finden
• den Wechsel zwischen Biegen und Geraderichten
• dass die Leine auf den Hanken liegt

Anlehnung

Sobald sich das Pferd an die Leinen gewöhnt hat, können Sie anfangen, durch sanfte Paraden bei gleichzeitig vorsichtig treibender Peitsche das Pferd dazu zu bewegen, das Gebiss zu suchen. Da Sie mit den Leinen variabel sind (anders als beim feststehenden Ausbinder), können Sie das Pferd bei dieser Suche mit der Nase bis zum Boden bringen. Dies ist eine wunderbare Dehnung, bei der sich die gesamte Rückenoberlinie des Pferdes aufwölbt. Das immer wiederkehrende Strecken des Pferdes nach vorwärts-abwärts ist anfangs eines der wichtigsten Ziele an der Doppellonge. Wenn das immer wieder im Schritt klappt, können Sie es auch in den höheren Gangarten probieren. Wenn das Pferd nach zwei, drei

Hier wird das Pferd mit der einhändigen Leinenführung etwas mehr in der Anlehnung mit gutem Untertritt gehalten...

... um sich dann beim ersten Nachgeben über den aufgewölbten Rücken in die Tiefe zu strecken.

Runden immer noch mit hoch erhobenem Kopf läuft, müssen Sie das Tempo wieder reduzieren. Aus dieser langen Dehnungshaltung bekommen Sie das Pferd wieder heraus, indem Sie die Leinen leicht verkürzen und wieder vermehrt von hinten mit der Peitsche treiben. Richtig ausgeführt, verkürzt sich das Pferd nun von hinten nach vorne und bringt sich selbst in eine leichte Versammlung, indem es mit der Hinterhand mehr unter den Schwerpunkt tritt (dorthin, wo später das Reitergewicht auf dem Rücken lastet). Bitte unbedingt die treibende Hilfe einsetzen, da Sie

das Pferd sonst nur von vorne zuzuziehen. Etwas, das an der Doppellonge genauso unerwünscht ist wie unter dem Sattel.

Hinweis

Denken Sie daran, dass auch Ihre eigene Körperhaltung für das Pferd eine Hilfe bedeutet. Je entspannter und gelöster Sie selbst mitgehen, desto mehr überträgt es sich auf das Pferd. Das spielt vor allem beim kadenzierten, versammelten Longieren eine Rolle. Je aufrechter, energiegeladener und versammelter Sie selbst werden, desto leichter wird es für das Pferd.

Schritt

Im Schritt soll das Pferd lernen, fleißig vorwärts zu gehen ohne zu latschen. Achten Sie darauf, dass die Hinterhand gut unter das Pferd tritt. Das können Sie mit vermehrtem Treiben erreichen. Der Schritt ist die Gangart, in der alle neuen Übungen begonnen werden und in der zuerst die Vorwärts-abwärts-Entspannung eintritt. In den meisten Fällen beruhigt sich das Pferd im Schritt am ehesten. Bei extrem bewegungsfreudigen Tieren ist es allerdings manchmal sinnvoller, sie erst im

Der Schritt sollte dynamisch, aber nicht übereilt sein. Hier in der direkten Verschnallung.

Im Trab lässt sich besonders gut der Schwung herausarbeiten.

Trab zu arbeiten, um ihren Übermut ein wenig abzubauen. In dieser Phase findet aber keine wirkliche Gymnastizierung statt.

Trab

Im Trab entwickelt das Pferd am leichtesten Schwung. Aber auch hier muss man darauf achten, dass das Pferd genügend untertritt und nicht einfach vorwärts stürmt. Wenn es dazu in der Lage ist, sich auch hier vorwärts-abwärts zu strecken, kann man versuchen, es im Trab in einer kadenzierteren und leicht versammelten Weise treten zu lassen. Bitte bleiben Sie immer leicht mit der Hand und nehmen Sie die Leinen immer nur für einen kurzen Zeitraum verstärkt an, um sie so bald wie möglich wieder nachgeben zu können. Das Pferd darf auf

gar keinen Fall in Versuchung geraten, sich auf das Gebiss zu lümmeln und es so als „fünftes Bein" zu nutzen. Dieser Gefahr entgehen Sie, indem Sie mit fein dosierten Paraden arbeiten, das Pferd immer wieder von hinten nachtreiben und, sobald es sich leicht im Maul macht, unverzüglich mit der Stimme loben und die Arbeit für diesen Moment ausklingen lassen: all das sind positive Verknüpfungen.

Galopp

Viele Pferde haben gerade am Beginn ihrer Ausbildung Probleme, ausbalanciert auf einem Zirkel zu galoppieren. Deswegen sollte man besonders darauf achten, dass der Zirkel groß genug ist und dem Tier genügend Raum bietet, sein Gleichgewicht zu finden. Lassen Sie an-

Der Galopp an der Doppellonge dient bereits der ersten Versammlung.

Hier kann man sehr schön erkennen, wie gut man an der Doppellonge unterschiedliche Paraden mit der inneren und äusseren Leine geben kann.

fangs die Leinen locker, damit das Pferd nicht auch noch im Maul gestört wird. Fordern Sie den Galopp anfangs immer nur in wenigen Schritten ab und parieren Sie gleich wieder durch. Es gibt Pferde, die haben Angst vor dieser Gangart und neigen dazu loszustürmen. Bei rutschfreiem Boden kann man sie ein, zwei Runden laufen lassen – aber besser ist, es gar nicht dazu kommen zu lassen. Der Galopp steht ganz hinten auf der Ausbildungsskala bei der Doppellonge. Dann allerdings kann man ihn wunderbar erarbeiten, da man die volle Kontrolle über die Beinaktion hat und sofort korrigieren kann, sei es den ungewollten Außen- oder Kreuzgalopp oder das hoppelnde Unterspringen der Hinterhand.

Die Galopphilfe erfolgt durch eine deutliche, vorbereitende Parade an den Leinen, und dann durch das Stimmkommando. Schwingen Sie in dem Moment mit dem Peitschenschlag Richtung Bauch und Schulter, in dem das Pferd die innere Schulter vornehmen kann, sodass Sie es dazu bringen anzugaloppieren. Bitte nicht einfach vermehrt von hinten auf das Pferd einpeitschen, bis es aus einem schnellen Trab angaloppiert.

Übergänge

Neben Volten und engen Zirkeln, zu denen wir noch kommen, sind häufige Übergänge und Tempowechsel die beste Art, das Pferd zu gymnastizieren. Achten Sie darauf, dass die Übungen klar und sauber ausgeführt werden. Loben Sie das Pferd für jede Verbesserung und laborieren Sie nicht ewig an einem Problem herum. Stattdessen wählen Sie eine Übung, die das Pferd gut kann, um ihm den Spaß zurückzugeben. Sowohl beim Wechsel von einer langsamen zur schnelleren Gangart als auch beim Verlangsamen soll die Kraft, der Schub, immer von der Hinterhand ausgehen. Je feiner Ihr Pferd reagiert, desto drastischer können die Übergänge sein.

Beginnen Sie mit Schritt-Halt, Schritt-Trab, Trab-Schritt, Trab-Halt, Halt-Trab, Trab-Galopp, Galopp-Trab, Schritt-Galopp, Galopp-Schritt. Wenn das Pferd bereits versammelt geht, können Sie auch ein Halt-Galopp probieren. Für Volten und kleine Zirkel muss das Pferd im Galopp so versammelt sein, dass Sie bequem mitgehen können.

Paraden

Achten Sie immer wieder darauf, das Pferd durch eine leichte, vorfühlende Hand und das richtige Timing von Paraden im Maul, und damit später auch auf der Vorhand, leicht zu machen. Pferde, welche die Möglichkeit haben, sich lange auf das Gebiss zu lümmeln, stumpfen im Maul ab und nutzen dieses dann als fünftes Bein. Die halbe Parade soll das Pferd auf das Kommende vorbereiten und es aufmerksam machen. Die ganze Parade führt das Gewünschte aus. Sie steht im direkten Zusammenspiel mit der Aktion der Hinterhand, da diese das Tempo angibt – sowohl die Verstärkung als auch die Reduzierung. Gerade bei der Bodenarbeit haben Sie die optimalen Voraussetzungen, das richtige Timing für die Parade zu finden, da Sie alle Beine sehen können. Bei allen nach innen geführten Biegungen erfolgt die Parade auf das innere Hinterbein. Wenn dieses abfußt, muss die Parade folgen, damit es bis zum Auffußen das Geforderte umsetzen kann.

Leinen um die Hinterhand

Wenn das Pferd sich gut und stressfrei an der Doppellonge auf beiden Händen auf dem Zirkel arbeiten lässt, sollten Sie versuchen, die Außenleine nicht mehr über den Rücken, sondern um die Kruppe herum, in Höhe der Sprunggelenke unter dem Schweif durchzuführen.

Achtung: Viele Pferde reagieren anfangs panisch darauf. Seien Sie darauf gefasst. Sie können die Berührung der Leinen an der Hinterhand auch mit einem Helfer am Kopf des Pferdes erst im Stand üben. Sollte das Pferd im Schritt ruhig reagieren, kann es sein, dass die „Panik" erst im Trab kommt. Reagieren Sie ruhig und gelassen. Diese Art der Leinenführung sorgt dafür, dass das Pferd noch

Um die Leinen von der Rückenposition ...

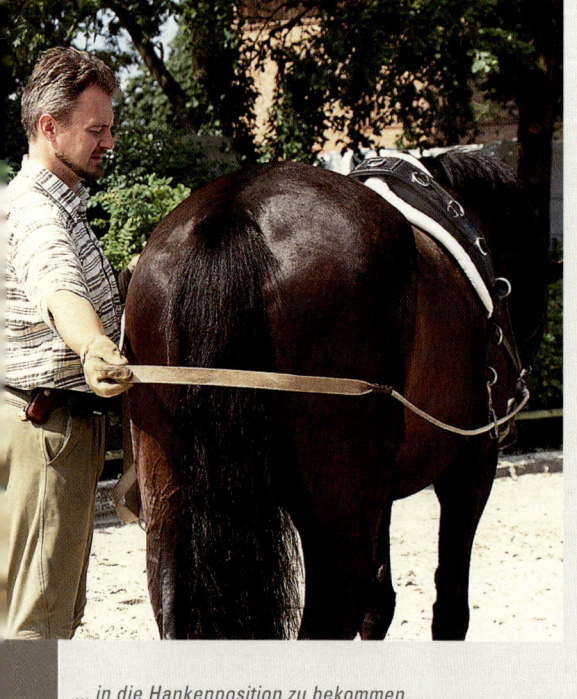

... in die Hankenposition zu bekommen, ...

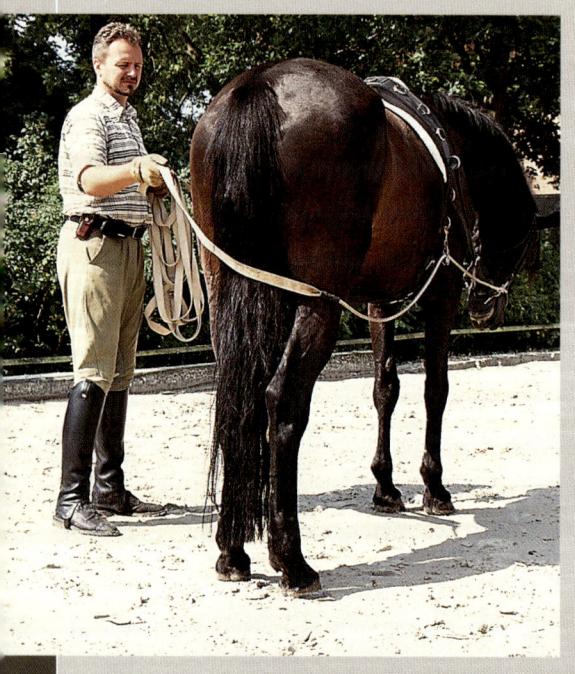

... muss man sehr behutsam und langsam vorgehen.

mehr eingerahmt und sich seiner äußeren Körperseite bewusst wird. Sie haben als Longenführer mehr Einflussmöglichkeit auf die Biegung des Pferdes – einer der Vorteile der Doppellonge. Die äußere Leine sorgt dafür, dass die Hinterhand nicht ausbrechen kann, sondern auf der Zirkellinie bleibt.

Wichtig

Gleichen Sie die Bewegung der Hinterhand mit einem Nachgeben der äußeren Leine aus. Sonst würde das Pferd jedes Mal einen Ruck im Maul bekommen und die Arbeit wäre kontraproduktiv. Einige Pferde haben einen extremen Raumgriff, so dass die Leinenführung sehr unruhig wird. Hier empfiehlt es sich, die Außenleine wieder über den Rücken zu führen.

Ganze Bahn

Wenn das Pferd die bisherige Arbeit gut auf dem begrenzten Zirkel ausgeführt hat, können Sie die ganze Bahn wählen. Hier haben Sie viel mehr Möglichkeiten, das Pferd durch den Wechsel von geraden und biegenden Übungen zu gymnastizieren.

Wenn Sie die Zirkellinie verlassen und die ganze Bahn wählen, laufen Sie etwas mehr hinter dem Pferd. Achtung: Einige Tiere neigen dann dazu davonzueilen, da sie diese Position als zu treibend empfinden. In so einem Fall müssen Sie eher auf Schulterhöhe bleiben, um jederzeit mit Stimme, Parade und Peitsche vor dem Pferd das Tempo regulieren zu können.

Bei Pferden mit viel Raumgriff muss die äussere Leine (die um die Hanken) immer nachgeben.

Die Volte wird nur mit der inneren Leine eingeleitet, das Pferd nicht hereingezogen.

Volten

Eine weitere gute Möglichkeit das Pferd zu verlangsamen, ist das Führen von Volten. Die sollten Sie allerdings vorher auf dem Zirkel geübt haben. Leiten Sie die Volte mit einer Parade ein. Führen Sie den Kopf des Pferdes mit der inneren Leine etwas herein, gehen Sie selbst einen Schritt zurück und treiben das Pferd mehr an der Hinterhand. Der innere Zügel gibt immer wieder in Form einer halben Parade nach, damit das Pferd nicht einfach herumgezogen wird, der äußere begrenzt das Pferd auf der Voltenlinie, und die Leinenführung um die Hinterhand rahmt diese ein und hält sie auf der Linie. Die Peitsche zeigt in Richtung Schulter, damit das Pferd nicht ganz hereinstürmt. Das Pferd wird von innen nach außen gearbeitet, nicht anders als auch unter dem Sattel. Anfangs gibt es leicht ein Durcheinander, vor allem, bis Sie die richtige Körperposition gefunden haben. Doch dann wird es leicht und ist eine wunderbare Übung zur Kontrolle, vor allem auch für die Durchlässigkeit und Geschmeidigkeit des Pferdes. Es empfiehlt sich, die ersten Volten bei der ganzen Bahn in den Ecken zu beginnen und erst später auch an der langen Seite. Diese eignet sich aber auch hervorragend, um Tempoverstärkungen herauszuarbeiten und das Pferd von hinten an des Gebiss herantreten zu lassen.

Jetzt wird auch die innere Leine erst über den D-Ring und dann an die Trense geschnallt. Hier nur mit einer Umlenkrolle und sehr tief eingestellt.

Die Umlenkrollen müssen zum Einschnallen in die Leine ganz aufgemacht werden. Fummelei, die sich lohnt!

Direkte Verschnallung

Bisher waren Sie durch die Art der Verschnallung noch nicht in der Lage, einen flüssigen Handwechsel zu gehen, da Sie sonst ja die unterschiedlich verschnallten Leinen auf den verkehrten Seiten gehabt hätten.

Wenn bisher alles geklappt hat, sollten Sie (in der Handhabung der Leinen und Peitsche) und Ihr Pferd (in der Gewöhnung an die Leinen und die Hilfen) jetzt fit genug sein, die direkte Verschnallung anzuwenden. Dazu wird auch die innere Leine erst von hinten nach vorne durch einen Ring im Bauchgurt verschnallt und dann erst in den Trensenring gehakt.

Benutzen Sie bei der direkten Verschnallung grundsätzlich Umlenkrollen, da sonst der Zug auf das Pferdemaul viel zu hart ist. Und kaufen Sie qualitativ gute Rollen. Je weicher der Einfluss auf das Maul ist, desto feiner ist das Pferd.

Bei Pferden mit einer hohen Aufrichtung und in einem späteren Ausbildungsstadium, sollten Sie pro Seite zwei Umlenkrollen benutzen, damit Sie in einer bequemen Führposition gehen können, ohne das Pferd nach unten zu ziehen.

Arbeiten Sie das Pferd so lange in der direkten Verschnallung auf dem gewohnten umrandeten Zirkel, bis Sie auch mit dieser Handhabung sicher sind.

Pferde mit hoher Aufrichtung sollten immer ...

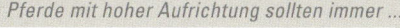

... mit zwei Umlenkrollen außen ...

... wie innen auf gleicher Höhe verschnallt werden.

Handwechsel durch den Zirkel

Handwechsel müssen mindestens alle zehn Minuten gemacht werden, und das Pferd muss grundsätzlich auf beiden Händen gearbeitet werden, da es sonst falsch gymnastiziert wird. Arbeiten Sie auch nicht vermehrt auf der „schlechteren", verspannteren Seite des Tieres, sondern immer gleichmäßig. Eine Verspannung löst sich eher durch eine Dehnung als durch ein Zusammenziehen. Lässt sich das Pferd schlecht links herum arbeiten, muss man es an der linken Seite dehnen – also rechts herum arbeiten statt auf der schlechten linken Hand!

Führen Sie das Pferd wie zu einer Volte in Richtung Zirkelmitte (innere Leine stellt den Kopf in Richtung, die äußere umrahmt die Hinterhand).

Bild 1: Der Wechsel wird mit einer Parade eingeleitet, der Kopf nach außen gestellt.

Bild 2: Das Pferd wird auf die neue Seite eingestellt. Sie müssen die Leinen neu sortieren.

entsteht. Bei dieser Art des Handwechsels kann es leicht zum Leinensalat kommen, da Sie in dem Moment gleichzeitig die alte innere Leine nachgeben müssen, in dem sie zur neuen äußeren wird. Und natürlich wird die längere äußere Leine beim Wechsel zur kürzeren Innenleine. Je langsamer Sie die Übung ausführen, desto sicherer wird Ihr Umgang mit den Leinen.

Bild 3: Dann tritt der Mensch etwas seitlich hinter das Pferd, um ihm Raum zu geben.

In dem Moment, in dem das Pferd an der Voltenspitze ist, treten Sie hinter dem Pferd auf die andere Seite des Pferdekörpers und geben die treibende Hilfe hin zur anderen Zirkelseite.

Gleichzeitig stellen Sie den Kopf mit Hilfe der Leine in die neue Innenposition. Ein kleines „S"

Wichtig

Achten Sie bei allen Bahnfiguren und vor allem bei den Wechseln und Volten darauf, dass das Pferd nicht an Tempo und Schwung verliert, da sonst die gymnastizierende Wirkung verloren geht.

Hier ist noch einmal ganz deutlich die Umstellung ...

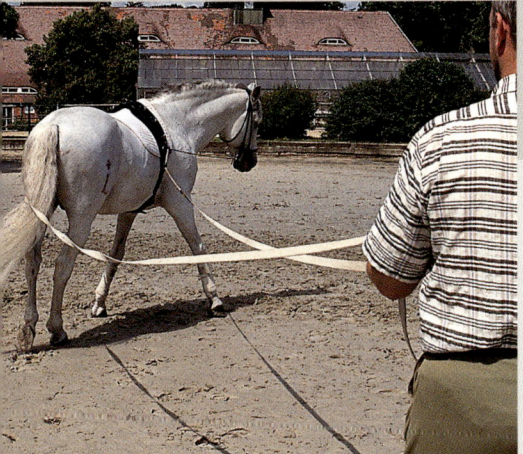

... des Pferdes auf die neue Hand zu erkennen.

dem Kopf in einer Innenstellung. Behalten Sie diese mit Hilfe der Leinen bei und führen Sie das Pferd auf die Diagonale. Bevor Sie den neuen Hufschlag erreicht haben, wechseln Sie hinter dem Pferd die Seite, auf der Sie führen. Die Arbeit in der ganzen Bahn ist bereits der erste Schritt zur Arbeit am langen Zügel, bei der Sie dicht hinter dem Pferd gehen und so noch feinere Hilfen geben können, da die Leinen wieder zu Zügeln verkürzt werden und die Paraden schneller beim Pferd ankommen. Dazu sollten Sie aber hundertprozentig sicher sein, dass Ihr Pferd nicht ausschlägt und Sie die Arbeit an der Doppellonge ganz beherrschen.

In der direkten Verschnallung bieten sich vor allem die Wechsel aus der Ecke an.

Handwechsel auf der ganzen Bahn

Die einfachste Art eines Handwechsels auf der ganzen Bahn ist durch die ganze oder halbe Bahn. Wie unter dem Sattel auch wird sie jeweils aus den Ecken heraus ausgeführt. Das Pferd befindet sich durch die Ecke bereits mit

Die Arbeit hinter dem Pferd dient als Vorbereitung zum Fahren und zur hohen Schule.

Auch hier kann man die Leine über den Rücken legen ...

Pferd laufen und nur noch für Wechsel oder biegende Übungen wie Schulter vor, Schulter herein und Traversalen leicht versetzt hinten neben dem Pferd gehen. Wenn das Pferd in seiner Aufrichtung immer höher kommt, müssen Sie unbedingt mit zwei Umlenkrollen pro Seite arbeiten, um keinen falschen Druck im Maul aufzubauen und um selbst eine bequeme Haltung einnehmen zu können.

Je näher Sie hinter das Pferd kommen, desto mehr bereiten Sie es auch auf das Fahren vor. Für diese Arbeit empfiehlt sich allerdings eine kürzere Peitsche, wie zum Beispiel eine lange Dressurpeitsche oder ein Touchierstock.

Die Arbeit hinter dem Pferd ermöglicht eine besonders große Grundspannung und eine sehr direkte Einwirkung auf das Pferd. Aber versichern Sie sich immer wieder, dass Ihr Pferd seine Beine bei sich behält und nicht ausschlägt! Diese Arbeit ist bereits die Vorbereitung für den langen Zügel, der wirklich hohen Schule der Arbeit an der Hand.

... oder zur besseren Einrahmung um die Hinterhand legen.

Arbeit hinter dem Pferd

Je weiter Sie in der Arbeit mit der Doppellonge kommen, desto näher werden Sie von hinten an das Pferd herantreten, bis Sie schließlich ganz hinter dem

Cavaletti-Arbeit

Nicht allein zur Abwechslung, vor allem zur Entwicklung und Ausarbeitung von Takt und Schwung eignet sich die Cavaletti-Arbeit an der Doppellonge. Wer keine hat, der kann sich auch mit Stangen behelfen. Diese Arbeit fördert aber auch den Mut und die innere Kraft eines Pferdes, es wird aufmerksamer und bekommt mehr Selbstvertrauen.

Hinweis

Anstatt Stangen für die Bodenarbeit zu benutzen, nehmen Sie lieber Vierkanthölzer. Lose auf dem Boden liegende Stangen können bei der Arbeit, wenn das Pferd nur leicht dagegen stößt, wegrutschen und ihm dann zwischen die Beine rollen.

Die Abstände bei der Stangenarbeit liegen im Schritt bei rund 80 bis 90 Zentimetern, im Trab etwa bei 120 bis 130 Zentimetern und im Galopp bei rund 300 Zentimetern. Natürlich ist der Abstand abhängig von der Größe und dem Raumgriff des Pferdes. Lassen Sie Ihr Pferd probeweise darüber treten und legen Sie die Stangen dann so, dass es sich etwas mehr strecken muss, um den Abstand einzuhalten. So erhalten Sie einen gymnastizierenden, fördernden Effekt. Bitte Vorsicht im Galopp: Manche Pferde regen sich bei dieser Gangart mehr auf, als dass es der Gymnastizierung dienen würde. Dann verzichten Sie bitte auf diese Gangart.

Bahnfiguren

Der Fantasie bei der Doppellongen-Arbeit sind nahezu keine Grenzen gesetzt. Erlaubt ist, was dem Pferd Spaß macht und es nicht vor unlösbare Probleme stellt.

Wenn der Zirkel groß genug ist, kann man in ihm auch wunderbar Achten gehen. Im Endeffekt ist dies eine Kombination aus Durch-den-Zirkel-Wechseln und Volten. Wichtig ist, dass Sie das Pferd rechtzeitig mit Paraden vorberei-

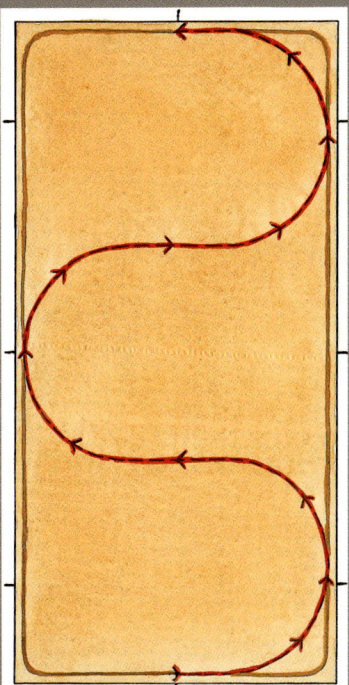

Schlangenlinien durch die Bahn eignen sich auch hervorragend für die Doppellonge.

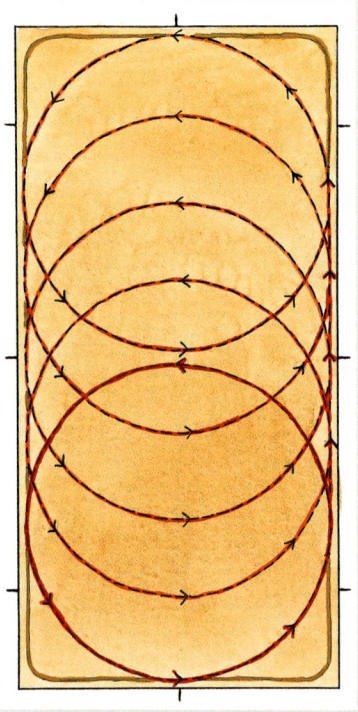

Der wandernde Zirkel durch die Bahn schult das Gleichgewicht und die Durchlässigkeit des Pferdes.

S-Wechsel aus den Zirkeln kann man ebenso gut innerhalb des Zirkels machen.

ten und in Stellung bringen, ohne es am inneren Zügel herumzuziehen. Und achten Sie unbedingt auf Ihre Körperposition.

Auf der ganzen Bahn bieten sich auch wandernde Zirkel an. Beginnen Sie ganz normal auf der Zirkellinie und führen Sie Ihr Pferd dann mit jedem Kreis weiter in die Bahnmitte hinein und weiter von der Bande weg.

Dadurch lernt es, sich von der Bandenbegrenzung zu lösen und mehr auf Ihre Hilfen zu achten. Den wandernden Zirkel können Sie einmal durch die ganze Bahn führen.

Auf einer genügend großen Bahn können Sie auch gut kleine Sprünge kombinieren. Sie müssen nur genügend Raum haben, um mit dem Pferd nicht bei jedem Kreis erneut springen zu müssen. Echte Könner bauen

sich dann auch schon mal an jeder langen Seite einen Sprung auf und führen die Pferde durch ständige Wechsel und Volten in immer neuen Kombinationen über die Sprünge.

Je großzügiger Sie die Bahnfiguren gestalten, desto beweglicher und konditionsstärker müssen Sie selbst sein, gerade wenn es darum geht, auch einmal in einem höheren Tempo zu arbeiten. Und bei all dem müssen Sie immer eine leichte Verbindung zum Pferd halten und dürfen sich nicht mitziehen lassen.

Hauptfehler

Nach wie vor ist bei allen Arbeiten mit dem Pferd zu große Eile der häufigste Fehler. Statt lange genug an der korrekten Durchführung und Umsetzung leichterer Übungen zu arbeiten, bis diese wirklich verstanden sind und klappen, gehen viele Reiter und Longenführer aus falschem Ehrgeiz zu schnell weiter.

Das Pferd ist zu langsam oder zu schnell:

Hinterfragen Sie immer wieder Ihre eigene Körperposition. Stehen Sie richtig zum Pferd, bremsen Sie es oder treiben Sie es zu stark? Lassen Sie sich von Freunden oder am besten von einem erfahrenen Lehrer korrigieren. Kontrollieren Sie beim zu langsamen Pferd, ob Sie vielleicht zu sehr in den Leinen hängen. Oder haben Sie die treibende Peitsche vergessen? Stehen Sie zu weit vor der Schulter des Pferdes und bremsen es damit ungewollt? Beim zu schnellen Pferd: Treiben Sie vielleicht aus Reflex dauernd mit der Peitsche von hinten nach? Oder stehen Sie zu weit hinter dem Pferd, sodass Sie eine treibende Wirkung haben? Hat Ihr Pferd Sie wirklich verstanden? Ist es mental und physisch schon reif für das Geforderte?

Das Pferd sucht keine Anlehnung an das Gebiss, streckt sich nicht nach vorwärts-abwärts:

Lassen Sie vom Tierarzt kontrollieren, ob mit dem Rücken und den Beinen des Tieres wirklich alles in Ordnung ist oder ob irgendwo eine elementare Verspannung vorliegt oder ein eingeklemmter Nerv oder Ähnliches. Das Gleiche gilt für die Zähne. Viele Pferde haben schlicht Schmerzen

durch das Gebiss. Geben Sie dem Pferd genügend Zeit, sich zu strecken. Treiben Sie es nicht zu stark, aber auch nicht zu wenig. Bleiben Sie weich in der Hand und bieten Sie dem Pferd immer wieder den Weg nach unten an. Halten Sie im Maul Verbindung, treiben Sie von hinten und geben Sie von sich aus dann mit der Hand weich nach, auch wenn das Pferd anfangs nicht nach unten folgt. Nur Geduld.

Das Pferd hält nicht an:

Arbeiten Sie es auf einem umgrenzten Areal. Stellen Sie es deutlich mit dem Kopf nach außen und werden Sie mit den Paraden ruhig ein, zwei Mal überdeutlich.

Das Pferd bricht bei der Arbeit auf der freien Bahn aus:

Gehen Sie in Ihrer Arbeit wieder einen Schritt zurück in den begrenzten Zirkelraum und überprüfen Sie Ihre eigene Rangfolge beim Tier. Fangen Sie dann damit an, auf die offene ganze Bahn zu wechseln, indem Sie nahe am Pferd bleiben und nicht zu viel Leinenfreiraum geben. Und meiden Sie solche Bahnfiguren, die ganz ohne Anlehnung sind. Erst wenn Sie sicher sind, das Pferd unter Kontrolle zu haben, lösen Sie sich von der Bande. Konzentrieren Sie sich voll auf das Pferd. Je früher Sie auch nur den kleinsten Unmut und Anzeichen zum Ausbrechen erkennen, desto schneller können Sie reagieren. Überprüfen Sie, ob Sie das Pferd unter- oder überfordern und es sich deswegen entziehen will.

Das Pferd fällt über die innere Schulter:

In dem Fall ist Ihre Einwirkung mit der inneren Leine zu stark und die Anlehnung an die äußere fehlt ganz. Das Pferd wird nur herumgezogen. Unter Umständen ist auch die Zirkellinie zu klein für das Pferd, so dass es sich nicht ausbalancieren kann.

Die Arbeit mit der Doppellonge ist das Tor zur hohen Schule und damit zur Kunst der Reiterei.

Ausblick

Die Arbeit mit der Doppellonge kann der Beginn einer langen und fruchtbaren Bodenarbeit bis hin zu Lektionen der hohen Schule sein. Sie bietet dem Pferd die Möglichkeit, ohne Reitergewicht Großes zu vollbringen. Auch alte Tiere können hier gut gymnastiziert werden. Und auch ältere Pferdemenschen können noch lange gute Doppellongen-Arbeit vollbringen, wenn es im Sattel schon Probleme gibt.

Wer sich die Mühe gemacht hat, die Longen- und Doppellongen-Arbeit nicht nur als bequeme Alternative zum Ausgleich des Bewegungsmangels des Pferdes zu sehen, sondern ihre gymnastizierende und schulende Wirkung erkannt hat, hat fast ein Allheilmittel für alle Probleme in der Hand, die einem im Laufe einer Reiterkarriere begegnen können. Und es lohnt sich in jedem Fall, statt nur Reitseminare zu besuchen, sich auch von einem Experten und Könner in der Arbeit an der Hand unterrichten zu lassen. Ein gesundes, leistungsstarkes und mental ausgeglichenes Pferd wird es Ihnen viele Jahre danken.